BEI GRIN MACHT SICH IHR WISSEN BEZAHLT

AF141539

- Wir veröffentlichen Ihre Hausarbeit,
  Bachelor- und Masterarbeit

- Ihr eigenes eBook und Buch -
  weltweit in allen wichtigen Shops

- Verdienen Sie an jedem Verkauf

Jetzt bei www.GRIN.com hochladen
und kostenlos publizieren

Bibliografische Information der Deutschen Nationalbibliothek:

Die Deutsche Bibliothek verzeichnet diese Publikation in der Deutschen National-
bibliografie; detaillierte bibliografische Daten sind im Internet über http://dnb.d-
nb.de/ abrufbar.

Impressum:

Copyright © 2016 GRIN Verlag, Open Publishing GmbH
Druck und Bindung: Books on Demand GmbH, Norderstedt Germany
ISBN: 9783668434073

Dieses Buch bei GRIN:

http://www.grin.com/de/e-book/358384/kraft-der-mitte-die-nationalliberale-deut-
sche-volkspartei-dvp-aus-der

Saskia Mewes

Kraft der Mitte? Die nationalliberale Deutsche Volkspartei (DVP) aus der Sicht Gustav Stresemanns

GRIN Verlag

GRIN - Your knowledge has value

Der GRIN Verlag publiziert seit 1998 wissenschaftliche Arbeiten von Studenten, Hochschullehrern und anderen Akademikern als eBook und gedrucktes Buch. Die Verlagswebsite www.grin.com ist die ideale Plattform zur Veröffentlichung von Hausarbeiten, Abschlussarbeiten, wissenschaftlichen Aufsätzen, Dissertationen und Fachbüchern.

Besuchen Sie uns im Internet:

http://www.grin.com/

http://www.facebook.com/grincom

http://www.twitter.com/grin_com

Universität Potsdam

Historisches Institut

Fachbereich Neuere Geschichte I (19./20. Jahrhundert)

Proseminar: 220313 Gustav Stresemann und der Nationalliberalismus

Hausarbeit:

Kraft der Mitte?
Die DVP aus der Sicht Gustav Stresemanns

vorgelegt von

Saskia Mewes (3. Semester)

Geschichte/Germanistik

Inhalt

Einleitung

Nach diesen Zielen strebt die Deutsche Volkspartei. Sie will den Sammelpunkt bilden für die weiten Kreise unseres Volkes, die entschieden national, liberal und sozial empfinden. Sie weiß, dass mit solcher Gesinnung der Weg gefunden werden wird, der aus dem Dunkel der Gegenwart wieder hinaufführt in eine lichtere Zukunft.

Bei aller Not – dennoch vorwärts![1]

Die historischen Anfänge der Weimarer Republik waren von zwei einschneidenden Ereignissen geprägt. Zum einen besiegelte die Novemberrevolution von 1918 mit der Ausrufung der Republik am neunten Tag des gleichen Monats den innenpolitischen Umsturz, der einen Wechsel von der Monarchie der Hohenzollern zur demokratischen Republik bewirkte, zum anderen wurde am 11. November 1918 der Waffenstillstand in Compiègne geschlossen und damit faktisch der Erste Weltkrieg beendet. Nach diesen beiden Geschehen stand man vor dem Beginn der Weimarer Republik. In dieser Zeit gründete sich unter Führung Gustav Stresemann die nationalliberale Deutsche Volkspartei (DVP). Nun trat neben der Zentrumspartei und der Deutschen Demokratischen Partei eine dritte Partei der sogenannten politischen Mitte bei. Diese nationalliberale Partei ist das Thema dieser Hausarbeit. Im Ganzen soll diese Hausarbeit klären, inwieweit die Deutsche Volkspartei eine Kraft der Mitte war. Daher wird zunächst der Begriff der „politischen Mitte" geklärt. Im weiteren Verlauf werden die, im Oktober 1919 veröffentlichten, Grundsätze der Deutschen Volkspartei in Hinblick auf ihre politische Ausrichtung und ihr politisches Programm erörtert. Zur genaueren Wiedergabe werden diese Grundsätze in Gesellschaft bzw. Innenpolitik, Wirtschaft und der Außenpolitik unterteilt. Danach erfolgt die Spezialisierung zur Stellung der Deutschen Volkspartei im Weimarer Parteien System durch den Vergleich mit der Zentrumspartei. Hier soll letzten Endes geklärt werden, wo genau und ob sich die Deutsche Volkspartei in der „politischen Mitte" befand und sie daher eine Kraft der Mitte symbolisierte.

---

[1] Zit. n Salomon, F: Die deutschen Parteiprogramme, Heft 3, 3. Aufl., 1920. S. 111.

1

Als Quellengrundlage dienten die Grundsätze der Deutschen Volkspartei in: F. Salomon, Die deutschen Parteiprogramme, Heft 3, 3. Aufl., 1920, S. 97-111. Zur Literaturgrundlage dienten vor allem die Werke von Roland Thimme: Stresemann und die deutsche Volkspartei 1923 – 1925 und Gustav Stresemann 1878 – 1929,Weimars größter Staatsmann von Jonathan Wright.

I.   Begriffsklärung: Was ist die politische Mitte?

Der Begriff der „politischen Mitte" stammt aus der Politikwissenschaft und beschreibt die Position bzw. den Standort einer Partei innerhalb des politischen Spektrums. Dieser Standort liegt zwischen den politischen Linken und den Rechten. Die politische Mitte könnte man mit Kurt Lenks Worten aus seinem Essay vom Mythos der politischen Mitte beschreiben, in dem er sagt, sie sei das Symbol für den sozialen und politischen Ausgleich. Es ist die eine Richtung, die von ihren eigenen Anhängern als liberal und freiheitlich beschrieben wird und daher erhält die „Mitte" einen positiven Klang. Gerade die Volksparteien sahen die „Mitte" als eine Möglichkeit zur Lösung komplexer Fragen und gleichzeitig das offene Bekenntnis der Ablehnung des Extremen. Sie sind es, die nach Einführung des allgemeinen Wahlrechts als Klassen-, Weltanschauungs- und Massenparteien mit festen Mitgliedern und Programmen ihre Wähler erhalten. Ihre, Gemeinwohl dienenden, Programme sollen die Bürger zur Teilnahme am öffentlichen Leben im Sinne genau dieser Programme verleiten. Dennoch kommt man nicht umhin festzustellen, dass der Begriff der „politischen Mitte" ein längst vernachlässigtes Phänomen ist, welches auch heute noch schwer zu verorten ist[2].

II.   Prinzipien und Grundüberzeugungen
a) Gesellschaft und Wirtschaft

Am Nachmittag des 15. Dezembers 1918 gründete sich unter der Führung Gustav Stresemanns die Deutsche Volkspartei. Gebildet aus dem rechten Flügel der alten Nationalliberalen Partei, war sie daher nichts anderes als eine verkümmerte

---

[2] Vgl. Lenk, Kurt: Vom Mythos der politischen Mitte, in: Politik für Zeitgeschichte 38/2009, 14. September 2009, S. 15 – 20.

Wiedergeburt. Dennoch war die Gesinnung des Nationalliberalismus wie eine Art Waffe, mit der sich die Partei wirkungsvoll vereinigen konnte.[3] Ihr Leitgedanke war geprägt von dem Streben nach ihrer Erhaltung der Selbstständigkeit sowohl nach rechts als auch nach links.[4] Zu Beginn konnte die Deutsche Volkspartei weder eine Organisation, geschweige denn ein aussagekräftiges politisches Programm vorweisen. Erst am 19. Oktober 1919 wurden auf dem Leipziger Parteitag die Grundsätze der Partei ausformuliert.[5] Diese Grundsätze bestehen aus insgesamt 25 Punkten, geteilt in zwei Kapitel. I. „Vom Staatswesen" und II. „Von der Volkswirtschaft". In der Gesamtbetrachtung strebte die Deutsche Volkspartei nach einer Rückgewinnung der politischen und sozialen Verhältnisse vor 1914, also vor dem Ersten Weltkrieg, an. Dies bedeutete vor allem das Beibehalten der Monarchie. Doch durch den verlorenen Krieg und der Revolution sahen viele deutsche Bürger, allen voran Politiker, keine Notwendigkeit eines Monarchen.[6] Für Stresemann jedoch war es keine Frage gewesen, ob und dass die Monarchie in parlamentarisch – demokratischer Form erhalten werden sollte[7]. Daher lehnte die Deutsche Volkspartei, die am 31. Juli 1919 angenommene neue Verfassung, ab. Sie beanstandete nicht ihren Inhalt, sondern zeigte sich hier ihre strikte Ablehnung gegenüber der republikanischen Staatsform. Stresemann rechtfertigte diese Entscheidung mit der Treue zum „alten Deutschland". Zudem heißt es in ihren Grundsätzen, dass das Kaisertum die einzige für das deutsche Volk geeignetste Staatsform wäre und fordern daher den deutschen Einheitsstaat, der die „Selbstverwaltung und die Sicherung der Eigenart der einzelnen geschichtlich, kulturell und wirtschaftlichen zusammenhängenden Landschaften" prägen sollte[8]. Jedoch betonten sie auch, dass die Deutsche Volkspartei im Rahmen ihrer politischen Grundsätze an der jetzigen Staatsform mitarbeiten wird. Zum Zeitpunkt der Veröffentlichung der Grundsätze war die Weimarer Verfassung und somit die republikanische Staatsform längst in Kraft getreten.[9] Zu dieser Zeit war es trotz strikter Ablehnung der Republik noch nicht ganz klar, wie genau die

---

[3] Vgl. Wright, Jonathan: Gustav Stresemann 1878 – 1929. Weimars größter Staatsmann, München 2006. S. 137.
[4] Vgl. Ebd., S. 138.
[5] Vgl. Richter, Ludwig: Die Deutsche Volkspartei 1918 – 1933, Düsseldorf 2002. S. 46.
[6] Vgl. Dederke, Karlheinz: Reich und Republik. Deutschland 1917 – 1933, Stuttgart 1984. S. 132f.
[7] Vgl. Eschenburg, Theodor: Gustav Stresemann, Stuttgart 1978. S. 41.
[8] Zit. n. Salomon 1920 S. 97 – 111.
[9] Ebd., S. 97 – 111.

Einstellung der Deutschen Volkspartei zur neuen Staatsform war, da auch ihnen bewusst war, dass die Wahrscheinlichkeit für ein erneutes Kaisertum in Deutschland sehr unwahrscheinlich war. Es war Stresemann, der ein Gleichgewicht zwischen Vergangenheit und Gegenwart herstellen musste. Und obwohl er für die Monarchie einstand, weswegen er in seinen früheren Jahren als der Monarchist charakterisiert wurde, lassen sich hier die ersten Anzeichen seines Wandels zum Vernunftrepublikaner erkennen. Mit dieser Ansicht stand Stresemann fast alleine. Viele Bürger und Politiker, auch in der Deutschen Volkspartei, bekannten sich zum Geist der neuen Zeit und waren quasi Überzeugungsrepublikaner.

Die Deutsche Volkspartei proklamierte mit ihren Grundsätzen im ersten Kapitel „Vom Staatswesen" nicht nur ihr Streben nach der Rückgewinnung der Monarchie, sie insistierten aufgrund der neuen Regierungsform die aktive und verantwortungstragende Mitarbeit des Parlaments an der Gesetzgebung und bestanden ebenso auf die Koalitionsfreiheit.

Es ist zu komplettieren, dass die Führungsschicht der Deutschen Volkspartei aus industriellen Unternehmern und Akademikern bestand und die Anhänger und Wähler in den breiten Schichten des Mittelstandes, aber auch der bürgerlichen Oberschicht zu finden waren. Im Ganzen kamen die Wähler aus dem Besitzbürgertum.[10] In Bezug auf die „Bevölkerungspolitik" versprach die Deutsche Volkspartei die deutsche Volksgesundheit zu pflegen, sie sittlich bzw. deutsch zu erhalten. Dies sei nicht nur ein einfaches Vorgehen, sondern auch ihre ernstzunehmende Pflicht.[11] Die Partei gab der Novemberevolution die Schuld am Sturz der Monarchie und ihre draus resultierende Umwandlung in eine Republik. Die Deutsche Volkspartei verlangte die Selbstverantwortlichkeit in allen religiösen und kirchlichen Angelegenheiten, sprich die Trennung von Kirche und Staat und somit die Religionsfreiheit. Im zweiten Kapitel der Grundsätze der Deutschen Volkspartei „Von der Volkswirtschaft" wurde festgehalten, dass jeder Bürger das Recht auf Privateigentum und dem gesetzlichen Erbrecht der engeren Familie besitzt. So sah und bestimmte die Deutsche Volkspartei die „blühende Land-wirtschaft"[12] und einem „kräftigen selbstbewussten Bauernstand"[13] als die

---

[10] Vgl. Dedercke 1984, S. 132.
[11] Zit. n. Salomon 1920, S. 97 - 111
[12] Ebd., S. 97 - 111

wichtigste Grundlage deutscher Volkskraft. In Bezug auf die Volksernährung erstrebte die Partei die Unabhängigkeit aus dem Ausland mittels planmäßiger Pflege aller Zweige der Landwirtschaft. Um die eigene Landwirtschaft vor den Wirkungen des Weltmarktes zu schützen, sei sie durch Schutzzölle zu sichern. Der Punkt 21. „Handel und Schifffahrt; Kolonien" spiegelt Stresemanns zweifelslose Ansicht wider, dass das Deutsche Reich aus wirtschaftlichen Gründen ihre, durch den Versailler Vertrag abzutretenden, Kolonien zurückgewinnen und der Ausbau von Flotte und Häfen erfolgen müsse. Denn Stresemann war sich bewusst, dass die deutsche Bevölkerung, die jährlich um eine Millionen Menschen wuchs, Arbeitsplätze brauche und ernährt werden müsse und dass dies nur durch einen Aufschwung im Handelsgewerbe und in der Exportindustrie zu bewerkstelligen wäre.[14] Der Ausbau von Häfen müsse erfolgen, um mit den ausländischen Häfen mithalten zu können.[15] Eine Flotte, sah Stresemann, als reinen Selbstschutz an. Die Erhaltung der weltwirtschaftlichen Stellung des Deutschen Reiches basierte letzten Endes auf der Abhängigkeit von Importen, wie Gummi und Baumwolle aus Amerika. Deswegen strebte Stresemann nach der Rückgewinnung der Kolonien und zu einer Vergrößerung ihres Kolonialgebietes nach dem Vorbild des britischen Empires.[16]

b) Außenpolitik

Ab dem 18. Januar 1919 tagte die Friedenkonferenz in Versailles. Deutschland wurde von den Friedenverhandlungen komplett ausgeschlossen. Erst und nur für die Unterschreibung wurden die Vertreter Deutschlands nach Versailles eingeladen. Als im Mai die Bedingungen des Vertrages bekannt gegeben wurden, war Stresemann in seiner Haltung gegen die Regierung bestärkt. So hatte er oft die Naivität der Regierung beklagt, vor allem in Bezug auf diejenigen, die an eine milde Behandlung der Siegermächte geglaubt hatten.[17] Dies war der Moment, an dem Deutschland vor gravierende und unerwartete Tatsachen gestellt wurde. Hatte man doch auf den gerechten und harmlosen 14. Punkte-Plan von Woodrow

---

[13] Ebd., S. 97 - 111
[14] Vgl. Wright 2006, S.
[15] Vgl. Stresemann 1926, S. 49 – 55.
[16] Vgl. Wright 2006, S. 139.
[17] Vgl. Ebd., S.139

Wilson gehofft. Neben dem Verlust von Territorien und den hohen Reparaturzahlungen, kam noch der Kriegsschuldartikel hinzu, der allein Deutschland die Schuld am Ausbruch des Krieges gab. Als alle Parteien, außer der Unabhängige Sozial-demokratische Partei Deutschlands, die Annahme des Vertrages zurückwiesen, erfolgte am 22. Juni 1919 eine Drohung der Alliierten, in Deutschland einzumarschieren. Deutschland unterschrieb daher gezwungenermaßen am 28. Juni 1919 den Versailler Vertrag. Die Bezeichnungen des „Diktatfriedens" und des „Gewaltfriedens" erschien nicht nur auf der öffentlichen Bildfläche, sondern auch in den Grundsätzen der Deutschen Volkspartei. Wie die meisten anderen Parteien in der Weimarer Republik, besonders die Rechten, stand auch die Deutsche Volkspartei stark für den sogenannten Anti-Versailles-Revisionismus, also das Bestreben den Vertag und seine Bedingungen für illegitim zu erklären, ein. Stresemann war sich bewusst, dass der Versailler Vertrag keine neue Weltepoche einleitete. Viel mehr erschien er als eine Umbruchsphase deren Verlauf und Ende abzuwarten sei. [18] Die Deutschen Volkspartei intendierte in Bezug auf ihre „Stellung nach Außen" eine politische und wirtschaftliche Völkerversöhnung, sprich eine Verständigung mit Österreich, dem Verbündeten im Ersten Weltkrieg.[19] Die Deutsche Volkspartei sah dies aber als unmöglich an, solange „die Ehre des deutschen Volkes" von ihren Feinden, den Alliierten England, Amerika und Frankreich, weiterhin verletzt werden würde.[20] Im Grunde lässt sich außerhalb der Grundsätze auch eine Völkerverständigung mit den Alliierten erkennen. Stresemann ersehnte hier jedoch noch nicht das, was er im Jahre 1926 mit dem Eintritt Deutschlands in den Völkerbund verwirklichte. Zur Zeit der Parteigründung bezeichnete er den Völkerbund noch als Farce.[21]

Gustav Stresemann, der seine Außenpolitik gerne als „national" bezeichnete, wusste auch schon im Jahre 1918, nach Ende des Krieges, dass sich Deutschland auf der internationalen Bühne wieder zu etablieren hätte. Die USA wären es, die diese Etablierung und Integration bewerkstelligen könnten. Doch diese hatte zwei Voraussetzungen, die für Stresemann, wenn auch widerwillig, deutlich und logisch waren. Einmal die Anerkennung des Versaillers Vertrags und die feindlich

---

[18] Vgl. Wright 2006, S. 155.
[19] Vgl. Salomon 1920, S. 99 – 111.
[20] Ebd., S. 99 – 111.
[21] Vgl. Wright 2006, S. 155.

gesinnte und aggressive Politik gegen Frankreich zu begrenzen. Beides waren Voraussetzungen und Ansichten Stresemanns, die ihm später als Reichskanzler das Genick brachen. Fakt jedoch ist, dass Stresemann schon früh die Notwendigkeit einer Völkerversöhnung erkannte.[22] Die Deutsche Volkspartei war nun gegründet, hatte ein politisches Programm mit nationalliberalen Idealen, aber der Weg zu einer bedeutenden Partei der Mitte war noch weit.

III.   Stellung im Weimarer Parteiensystem im Vergleich zum Zentrum

Stresemann legte bereits im Jahre 1919 den Grundstein für sein Konzept die Deutsche Volkspartei als „Mittelpartei" zu etablieren. Dazu lag das Hauptstreben der Partei in der Sozial- und Wirtschaftspolitik, die eine Überführung geeigneter Berufszweige in die Leitung der öffentlichen Gewalt vorsah. Arbeiter und Angestellte sollten eine Mitsprache durch ihre Ausschüsse und Vertretungen erhalten. An diesen Bestrebungen erkannte man Stresemanns Bemühungen die Deutsche Volkspartei zwischen der Sozialen Partei Deutschlands und der Deutschen Demokratische Partei zu positionieren. Mit dem Nationalliberalismus als Leitgedanke kann man die Deutsche Volkspartei als eine Partei der Mitte betrachten.[23] Doch wenn man sich die politische Mitte des damaligen Weimarer Parteiensystems ansieht, kommt man nicht umhin die Zentrumspartei als eine Partei der Mitte zu bemerken. Die Zentrumpartei, die sich 1870/71 im Preußischen Abgeordnetenhaus gründete, fand ihren Platz, als eine katholische Fraktion, zwischen den konservativen Rechten und den liberalen Linken. Bei dem Übergang von der Monarchie zur Republik, erhielt die Partei größere Stabilität. Dies lag auch an der Gründung christlicher Gewerkschaften, die Einfluss übten und so auch Arbeiter, Angestellte und Beamte, also den Arbeiterflügel stärkte.[24] Es war die Zentrumspartei, die als einzige Partei, ihre Anhänger und Wähler bei den Katholiken in allen Schichten des Volkes fand, was Mattias Erzberger[25] zum

---

[22] Vgl. Bracher, Funke, Jacobsen Die Weimarer Republik. Politik – Wirtschaft - Gesellschaft, Bonn 1987. S. 303 – 327.

[23] Vgl. Thimme, Roland: Stresemann und die deutsche Volkspartei 1923 - 1925, S. 49 – 52.

[24] Vgl. Dederke 1984, S. 130

[25] Mattias Erzberger: 20.09.1875 – 26.08.1921, deutscher Publizist und Zentrumspolitiker, 1921 durch rechtsterroristische Attentäter ermordet

Beispiel dahin interpretierte, dass die Zentrumspartei am klarsten den deutschen Reichsgedanken wiederspiegelte. Was jedoch die Arbeiterschaft anging, blieb ihre Wählerzahl eher gering. Es sei denn, es waren katholische Arbeiter. Die Partei war die erste echte und eine ausgeglichene Volkspartei. Sie entsagte allem Extremen, ganz wie eine Partei der Mitte.[26] Ihre Stellung im Weimarer Parteiensystem lässt kein Zweifel übrig, dass diese wohl einer der bedeutendsten ist. Das Zentrum war eine Partei der Weimarer Koalition und stellte Reichskanzler, wie Konstantin Fehrenbach, Wilhelm Marx und Heinrich Brüning. Im Ganzen war die Zentrumspartei also von 1919 bis 1923 mit zeitweiligen Unterbrechungen an der Regierung beteiligt. Der Deutsche Volkspartei gelang eine solche Beteiligung erst durch die Nationalwahlen von 1920. Dort erhielt die Deutsche Volkspartei erst- und einmalig einen Stimmenanteil von 13,9%. Die Zentrumspartei, die über all die Jahre ihres Bestehens, relativ konstant blieb, erhielt einen Stimmenanteil von 13,6%. In ihrer Haltung gegenüber der Staatsform, ähneln sich die beiden Parteien auf unterschiedlicher Weise. Die Deutsche Volkspartei, die eigentlich einer Monarchie entgegenstrebte, setzte sich für die Republik ein, weil sie wusste, dass der Wiederaufbau Deutschlands und die Etablierung ihrer eigenen Stellung als Partei innerhalb des politischen Spektrums, nur dann möglich seien. Stresemann war sich hierbei bewusst, dass das offene Bekenntnis zur Monarchie keine Wähler finden würde. Die Zentrumspartei bezeichnete sich, in einer Rede des 4. Reichsparteitages im Jahre 1925, in ihrem Wesen als eine Verfassungspartei. „Ihre grundsätzliche Einstellung zum Staats- und Autoritätsbegriff ermögliche ihr die Bejahung jeder Staatsform, in welcher dieser Begriff seine Verwirklichung finden kann."[27] Sie fand es in der Weimarer Verfassung. In Bezug auf die Verfassung forderten sie die Wahrung der Einheit des Reiches und seines bundesstaatlichen Charakters, eine Stärkung des Reichsgedankens, die Einführung der Wahlpflicht und die Aufnahme von Grundrechten.[28] Das Streben nach einer stabileren Regierung sollte durch eine Sicherung des Verfassungsstaates sowie den Ausbau des Sozialstaates gelingen. So führte die Zentrumspartei zum Beispiel die Arbeitslosenversicherung ein.[29]In der Wirtschaft sollte die grundsätzliche Erhaltung der auf persönlichen Eigentum

---

[26] Vgl. Morsey, Rudolf: Die Deutsche Zentrumspartei 1917 – 1923, Düsseldorf 1966. S. 44-46.
[27] Zit. n: Dedercke 1984, S. 130.
[28] Vgl. Morsey: 1966, S. 129ff.
[29] Vgl. Wright 2006, S. 138.

beruhenden, nach dem Solidaritätsprinzip dem Gesamtwohl der Gesellschaft untergeordneten Privatwirtschaft, garantieren. Eben dieser Gedanke der Gemeinwirtschaft, der Solidarität und des sozialen Ausgleichs lag genau in der Zeit. Nach den Novemberereignissen 1918 trafen solche Werte auf Aufgeschlossenheit und Aufnahmebereitschaft im Volk. Ihre Außenpolitik beinhaltete eine Absage an die Machtpolitik, aber auch ein Bekenntnis zum Rechtsgedanken und zum Völkerbund. Der Anspruch auf Kolonialbesitz war bei beiden Parteien übereinstimmend[30] Die Außenpolitik wandelte sich zu einer nationalen und revisionistischen Art und Weise. Den Anti-Versailler-Revisionismus hatten beide Parteien gemeinsam. Die Deutsche Volkspartei hatte durchgehend gegen die Annahme des Versailler Vertrages gestimmt, während sich die Zentrumspartei nach der Drohung der Alliierten für eine Annahme aussprach. Doch nachdem die Regierung entschieden hatte, keine Bestimmungen des Vertrages anzunehmen, die die Ehre des deutschen Volkes verletzten könnte, wie z.b. den Kriegsschuldartikel, erhielt Deutschland 24 Stunden Bedenkzeit, denn die Alliierten akzeptierten nur eine bedingungslose Annahme. In dieser Zeit zog das Zentrum ihre Befürwortung zurück.[31] Die Deutschen Volkspartei verweilte strikt in ihrer Ablehnung, sahen aber keine Möglichkeit eine vollkommene Ratifizierung zu verhindern und weigerten sich mit dem Zentrum und der Deutsche Demokratischen Partei eine Regierung zu bilden. Als die Katastrophe auftrat, dass diese Krise ohne eine Minder-heitsregierung hätte gelöst werden müssen, war es der Vorsitzende der Deutschen Volkspartei Rudolf Heinze, der vorschlug, keine erneute Wahl über die Ratifizierung einzuholen, sondern abzustimmen, ob die Regierung, die durch die am Vortag getroffene Entscheidung ermächtigt wäre, den Vertrag zu unterschreiben. Später sagte die Deutschen Volkspartei über sich selbst, dass sie stolz sei, ihrer ablehnenden Haltung gegenüber der Annahme des Vertrages treu geblieben zu sein.[32] Das Jahr 1933, die Machtergreifung Hitlers, war das Ende für beide Parteien. Tatsache ist, dass im Gegensatz zur Zentrumspartei, die Wahlergebnisse der Deutschen Volkspartei schon aufzeigen, dass ihre Kraft und ihre Stellung 1926, nach dem Tod Stresemanns, immer mehr abnahm.

---

[30] Ebd S. 130.
[31] Vgl. Wirght S. 140.
[32] Vgl. Ebd. Wright. S. 141.

IV.   Fazit

Um die einleitende Frage, ob die Deutsche Volkspartei aus der Sicht Gustav Stresemanns eine Partei der Mitte war, zu beantworten, so ist dies kaum mit einem eindeutigen ja oder nein zu beantworten. Fokussiert man sich nur auf die Sicht Stresemanns kommt man nicht umhin festzustellen, dass die Sicht der Partei durchaus eine differenzierte war. Denn wenn man den Fokus auf die innerparteilichen Probleme legt, so erkennt man, dass es hier Oppositionen gegen Stresemann und seine Ideologien gab. Einige Parteimitglieder wollten schon früh ein Richtungswechsel der Partei nach rechts zur Deutschnationalen Volkspartei. Dieses Streben einiger Parteimitglieder hielt über die Jahre an. Im Jahre 1925 spaltete sich sogar der rechte Flügel der Partei ab und schloss sich mit den Deutschnationalen zusammen. Stresemann sah das nie als eine günstige Option. Tatsache ist, dass Gustav Stresemann seine Partei stets auf den richtigen Weg zur Mitte hinführen wollte. Mit der Ideologie des Nationalliberalismus war der Weg dahin zu mindestens geebnet. Stresemann hatte das gewisse Extra und wusste, welche Parteilinien ihn ans Ziel bringen würden. Zu tolerieren, wenn auch widerstrebend, dass die Republik die einzige Möglichkeit sei, Deutschland wieder aufzuhelfen, half der Partei sich zu etablieren. Er war sich immer sicher gewesen, dass die Deutschen Volkspartei mal die eine Partei werden würde, die kein Staatsleben entbehren könne.[33] Die Wahlergebnisse der Nationalwahlen von 1920 beweisen, dass Stresemann mit seinem Wirken an sein Ziel kam. Seine Partei konnte sich nun an der Regierung beteiligen und Stresemann konnte seine Ansichten und Ideologien für Deutschland als Reichskanzler verwirklichen. Dennoch konnte und hätte die Deutsche Volkspartei nie mit der langjährigen starken Zentrumspartei konkurrieren können. Sieht man sich diese beiden Volksparteien der Weimarer Republik an, kommt man nicht umhin festzustellen, dass die Zentrumspartei nicht nur die erste echte Volkspartei war, sondern auch das „Zentrum" des deutschen Parteilebens. Ihr Wert als Partei ist unverkennbar und wäre vielleicht ohne die Machtergreifung Hitlers im Jahre 1933 eine durchgehend starke Partei gewesen. Blickt man in diesem Bereich auf die Deutsche Volkspartei, entsteht nicht der Eindruck, dass dies auch nur im

---

[33] Vgl. Wright 2006, S. 138.

Entferntesten möglich gewesen wäre. Schon nach dem Tode Gustav Stresemann sieht man die Partei langsam in der Bedeutungslosigkeit verschwinden, bis sie im Jahr 1933 schließlich vor der Selbstauflösung standen.

Quellenverzeichnis

Salomon, F: Die deutschen Parteiprogramme, Heft 3, 3. Aufl., 1920.

Stresemann, Gustav: Reden und Schriften. Politik – Geschichte – Literatur 1897-1926, 1926 Dresden.

Literaturverzeichnis

Bracher, Funke, Jacobsen: Die Weimarer Republik 1918 – 1933. Politik – Wirtschaft – Gesellschaft, Bonn 1987.

Dederke, Karlheinz: Reich und Republik Deutschland 1917 – 1933, 5., überarb. und erg. Auflage., Stuttgart 1984.

Morsey, Rudolf: Die Deutsche Zentrumspartei 1917 – 1923, Düsseldorf 1966.

Richter, Ludwig: Die Deutsche Volkspartei 1918 – 1933, Düsseldorf 2002.

Thimme, Roland: Stresemann und die deutsche Volkspartei 1923 – 1925, Lübeck und Hamburg 1961.

Wright, Jonathan: Gustav Stresemann 1878 – 1929. Weimars größter Staatsmann, München 2006.